MÉMOIRES

D'UN

EX-FONCTIONNAIRE CONFIDENTIEL DU MINISTÈRE DE L'INTÉRIEUR

SUR LE

PERSONNEL GOUVERNEMENTAL

DE LA

RÉPUBLIQUE

PREMIÈRE LIVRAISON

PRIX DE LA LIVRAISON **UN** FRANC

PARAISSANT TOUS LES VENDREDIS

Tous droits réservés

PAR ABONNEMENT

12 Livraisons	...	...	...	...	...	...	**10** francs
24 Livraisons	...	...	...	...	...	...	**18** francs

Adresser tous mandats à MM. WERTHEIMER, LEA ET CIE, CIRCUS PLACE, LONDON WALL, LONDRES.

DÉPOT CENTRAL, A PARIS :

CHEZ M. PÉNIN, 146, RUE MONTMARTRE

MÉMOIRES

D'UN

EX-FONCTIONNAIRE CONFIDENTIEL DU MINISTÈRE DE L'INTÉRIEUR

SUR LE

PERSONNEL GOUVERNEMENTAL DE LA RÉPUBLIQUE

No. 1.   19 FÉVRIER 1886   VOL. I.

TABLE DES MATIÈRES

AU LECTEUR

J'avais l'intention de publier ces mémoires avant le scrutin du 4 octobre 1885, mais j'en ai été empêché par des circonstances absolument indépendantes de ma volonté.

Je crois, en effet, que si j'avais pu divulguer à temps tout ce que je sais sur les tripotages, les vilenies et les malpropretés politiques de certains membres du personnel gouvernemental de la République, le suffrage universel aurait rejeté dans l'égoût démagogique d'où ils étaient sortis, un grand nombre de Républicains qu'il a rendus à la vie parlementaire.

Ainsi l'odoriférant Constans, le loquace Granet, le tartufe Fallières, le niais Martin-Feuillée, le prétentieux Waldeck, le *pudibond* Rouvier, et tant d'autres ridicules fantoches n'auraient certainement pas été réélus.

Mais puisque ces incapables, ces pleutres, ces flibustiers, comme les a si souvent qualifiés Henri Rochefort, siègent de nouveau dans le parlement, que quelques-uns d'entre eux sont même devenus ou redevenus ministres, et que les autres osent se livrer déjà à toute sorte d'intrigues pour saisir ou ressaisir le pouvoir, il ne me reste plus qu'à les clouer au pilori de l'opinion publique en faisant connaître les abus, les excès, les injustices et les indignités dont ils se sont rendus coupables durant leur carrière administrative, parlementaire et gouvernementale.

POURQUOI JE PUBLIE LES MÉMOIRES

D'UN EX-FONCTIONNAIRE CONFIDENTIEL AU MINISTÈRE DE L'INTÉRIEUR

Puisque M. Andrieux, ex-préfet de police, avec la modestie qui le caractérise, a cru pouvoir publier quelques anecdotes sans intérêt, qu'il nomme *ses souvenirs* et qu'il n'a évidemment écrites que pour se faire pardonner les erreurs de son administration personnelle ; je me crois d'autant plus autorisé à livrer mes mémoires à la publicité que, n'ayant jamais rempli, moi, que des fonctions officieuses, quoique rétribuées, et même bien rétribuées, je ne dois être tenu à garder le silence par aucune considération.

Je n'ai donc pas, comme le malin député des Basses-Alpes, à *respecter les chasses gardées* du secret professionnel, et, en disant tout ce que je sais, en faisant connaître tout ce que j'ai vu et appris pendant mon passage à l'hôtel Beauvau, je ne commettrai aucun acte de forfaiture envers les ministres que j'ai servis, et encore moins envers le gouvernement de la République.

Je n'ai pas la prétention d'écrire l'histoire politique du Centre gauche ni celle de l'opportunisme, dont j'ai été pour ainsi dire successivement l'agent spécial, du 1ᵉʳ février 1878 au 5 juillet 1883, en remplissant auprès des personnages qui les représentaient dans les rangs du pouvoir, des fonctions confidentielles qui m'ont permis d'être initié à tous leurs agissements.

Ce serait d'ailleurs entreprendre une tâche aussi pénible que compliquée, car, pour se reconnaître dans ce bourbier républicain où se sont entassés tant de méfaits administratifs, tant d'intrigues et de compromissions parlementaires, tant d'opérations financières inavouables, et tant d'injustices et de violences gouvernementales que je connais cependant mieux que personne, pour se reconnaître, dis-je, dans ce cloaque gouvernemental, et surtout pour en extraire ce qui pourrait être raconté sans blesser le sens moral public, il faudrait posséder un talent d'élimination que je n'ai point, une patience et une perspicacité dont je ne suis pas capable.

Ce que je veux simplement, c'est relater des faits souvent grotesques, quelquefois très graves, mais toujours absolument vrais, que j'ai notés au jour le jour, pour ainsi dire de *visu* et de *auditu* pendant le long exercice de mes fonctions aussi spéciales que particulières.

Ce que je veux aussi, c'est révéler des abus d'autorité, des excès de pouvoir, voire des actes lubriques et immoraux jusqu'ici ignorés, lesquels ne sont pas à l'éloge du personnel officiel de la République.

Ce que je veux enfin, c'est faire le récit de mes conversations, à peu près quotidiennes, avec les divers ministres dont j'ai été l'agent et le confident, conversations fidèlement reproduites dans mes notes, et au cours desquelles ces hauts fonctionnaires se sont montrés tels qu'ils sont réellement, avec leurs vices, leurs préférences, leurs passions et leurs haines, en un mot, avec une physionomie bien différente de celle qu'ils affectent en public.

La besogne sera ardue, elle sera même quelquefois assez repoussante, mais, convaincu que je vais remplir un utile et impérieux devoir, et que le lecteur ne pourra, politiquement parlant, que tirer un grand profit de mes révélations, je ne m'arrêterai devant aucune considération ; je mettrai, comme on dit, les points sur les i, j'appellerai un chat un chat, et je signalerai sans pitié, à l'opinion publique, tous les vauriens politiques dont il m'a été donné de suivre les agissements et de connaître particulièrement les écarts et les faiblesses.

Mais je ne dirai que la vérité, rien que la vérité, en appuyant toujours mes affirmations par des preuves irréfutables, et en ne racontant que des faits dont j'ai été témoin.

Ainsi je mettrai complètement à nu l'ex-pompier de Barcelone, Constans, le pommadé Waldeck-Rousseau, le débraillé Cazot, le Terre-Neuve Devès, l'audacieux Rouvier, le turbulent Granet et le Tonkinois Jules Ferry.

Puis je m'emparerai de Fallières, dit le sympathique, que je montrerai sous son véritable jour, c'est-à-dire sous un caractère très différent de celui qu'il a jusqu'ici manifesté dans sa vie politique et parlementaire. Je dépeindrai, en effet, et cela peut-être à la surprise générale, un Fallières hypocrite dont l'apparente insouciance cache une ambition sans bornes, et dont la bonhomie masque une rouerie et un cynisme politiques d'autant plus dangereux qu'ils sont à peu près ignorés de ses collègues du parlement.

Je ne manquerai pas non plus de consacrer quelques pages à l'outrecuidant Andrieux, dont j'ai très minutieusement recueilli les incartades administratives pendant tout le temps qu'il est resté à la Préfecture de Police, et dont j'ai particulièrement suivi, ou fait suivre *par ordre*, toutes les intrigues parlementaires ainsi que les singulières excentricités.

Puis je saisirai avec des pincettes spéciales que j'ai mises en réserve pour cette nauséabonde besogne, tous les mouchards politiques ou financiers, les renégats, les transfuges, les reptiles du journalisme, voire les revenants de Nouméa, que j'ai fait mordre au gâteau suspect des fonds secrets, ou qui ont *opéré* sous mes yeux à la solde compromettante de l'opportunisme, et je signalerai au mépris public tous ces marchands du temple républicain.

Enfin je raconterai, au sujet d'une certaine décoration, une étourdissante histoire au cours de laquelle on verra un général, des députés et des ministres, se livrer aux plus étranges tripotages, et exploiter sans vergogne, pendant deux années consécutives, la naïve et irrésistible ambition d'un très riche industriel, et cela au milieu d'une sarabande, de champagne, de soupers fins, d'horizontales et de *langoustes*, d'écrevisses de la Meuse, de pendules, de bijoux et d'objets d'art.

Peut-être irai-je même, pour être utile et agréable à M. Cochery, jusqu'à raconter aussi toutes les circonstances du *Vol des Postes*, et jusqu'à désigner très clairement le voleur, que M. Kuehn n'a pas su découvrir ou n'a pas pu arrêter !

Or, en signalant ainsi à la France entière, et principalement à la France électorale, les excès administratifs et les fautes gouvernementales de certains personnages officiels de la République ; en étalant publiquement les plaies morales de ce pouvoir anti-national ; en flétrissant les abus de toute sorte commis par les gredins dont j'ai plus particulièrement connu, suivi, observé la vie publique ; en un mot, en découvrant à tous les yeux un côté de ce cloaque, je le redis à dessein, qui a nom la République, et dans lequel se sont momentanément envasées la sécurité, la fortune et la liberté de la nation, je me plais à penser que je pourrai parvenir, peut-être, non seulement à inspirer au pays le dégoût d'un tel gouvernement, mais encore à lui suggérer la résolution de rejeter dans les bas-fonds démagogiques d'où ils sont venus, tous les anciens bohèmes, à qui, dans son aveuglement politique et sous l'empire des plus funestes événements, il a laissé prendre et exercer les pouvoirs publics.

Cette tâche accomplie, j'aurai la conscience d'avoir rempli envers mon pays un devoir aussi utile que salutaire, et d'avoir contribué, par ma vigoureuse intervention, à préparer l'assainissement de la politique française actuelle, l'extinction du bourbier républicain, qui est pour l'Europe entière, un foyer permanent d'infection révolutionnaire, et la restauration de la monarchie, c'est-à-dire le retour du Roi ou de l'Empereur, par le renversement légal de la République !

Et maintenant, en avant ! .

WALDECK-ROUSSEAU

Le 22 juillet 1885, M. Henri Rochefort, dont l'ardeur anti opportuniste s'est, on ne sait pourquoi, considérablement calmée depui qu'il est député, M. Rochefort, dis-je, s'occupant de ce pleutre qui après s'être tenu sous terre depuis la chute du Cabinet Ferry, venait de se risquer de nouveau en public pour haranguer ses trop naïfs électeurs de Rennes, publiait dans l'*Intransigeant* ce qui suit :

"Le Cid Compeador, qui arrivait à la Chambre entouré d'un régiment de petits attachés, comme César se rendait au forum, le joli étouffeur qui, avec la plus adorable désinvolture, mettait annuellement deux millions de fonds secrets dans sa poche, se fait maintenant l'humble et obéissant serviteur du suffrage universel qu'il annonçait officiellement, il y a quelques mois, avoir l'intention de corrompre et de museler."

Le 28 juillet, le mordant rédacteur en chef de la feuille radicale, revenant sur ce vaurien politique qui avait qualifié les intransigeants d'ennemis de la République, avec lesquels il refusait de pactiser, l'apostrophait avec la plus louable indignation, dans les termes suivants :

"Je te crois, vilain drôle, que tu diffères des intransigeants ! Jamais, en effet, ceux-ci n'auraient l'idée d'emporter, en s'en allant, tous les fonds secrets qu'on mettrait à leur disposition pour la durée de leur pouvoir. Jamais les intransigeants ne pousseraient l'ignominie jusqu'à fausser des signatures et se placer sous le coup des articles du Code pénal pour justifier, comme tu l'as fait à l'égard de Basly, le secrétaire de la Chambre syndicale des mineurs de Denain, une politique d'exploitation du travailleur ou d'écrasement du pauvre."

J'ignore, pour mon compte, si ce goujat a réellement mis, chaque année, deux millions dans sa poche, quoique son silence, en présence d'une telle accusation, soit bien fait pour engendrer le doute, sinon la conviction, dans les esprits les moins prévenus, mais ce que je crois savoir mieux que personne, c'est qu'il a usé des fonds secrets pour l'achat de toutes les consciences et de toutes les plumes vénales qu'il a rencontrées sur son chemin officiel, et pour assurer le succès des candidatures officielles dans les élections partielles qui ont eu lieu durant le cours de sa longue est très regrettable administration gouvernementale.

Je démontrerai bientôt qu'il a aussi puisé largement dans la caisse des mêmes fonds secrets pour subventionner des agents spéciaux, chargés de surveiller les actes de M. le Président de la République lui-même, ainsi que tous les mouvements de M. Wilson, et de moucharder ses adversaires politiques dans le Parlement et dans la presse parisienne, et notamment M. Henri Rochefort, pour qui il ressent une haine qui tient à la démence.

Mais je commence par secouer la gigantesque incapacité administrative dont ce grotesque ministre n'a cessé de faire preuve, qui a si lourdement pesé sur le pays et qui a même atteint fâcheusement le Gouvernement de la République.

Le 15 novembre 1881, Waldeck-Rousseau, que Gambetta avait eu la malencontreuse idée de prendre pour un génie politique, remplaçait au Ministère de l'Intérieur le matamore Constans.

J'occupais alors à l'hôtel Beauvau cette situation spéciale d'agent confidentiel, attaché à la personne du Ministre, qui me permettait, non seulement de m'initier à presque tous les secrets du gouvernement, mais encore de surveiller les écarts, les abus et les excès administratrifs du Satrape républicain qui y exerçait le pouvoir.

Le 16 novembre, à quatre heures de l'après-midi, je fus reçu pour la première fois par le nouveau ministre.

Ici une longue parenthèse.

(Tout le monde, dans les sphères politiques et parlementaires, connaît cet homme, grand, mince, allongé, maigre, à la physionomie froide, impassible et ingrate, à l'œil terreux, au regard aussi louche que prétentieux et provocateur, dont le sourire sombre, quelquefois narquois, toujours incrédule, jamais bienveillant, semble vouloir constamment se perdre sous la moustache noire et à demi frisée qui recouvre sa lèvre aussi sensuelle que dédaigneuse.

Le Waldeck est, en un mot, un personnage suffisant, peu verbeux, compassé, poseur, qui cherche à noyer, dans un silence calculé, son incapacité politique et parlementaire, bien fait pour jouer, dans la baraque républicaine, le rôle du gendarme ou du commissaire qui reçoit sans broncher les coups de pied de Guignol.

Comme fonctionnaire sous le *grrrand* Gambetta, ce corbeau nantais ne répondit jamais que par une révérence à tous les savons que le maître infligea à ses méprises gouvernementales, et il collectionna sans mot dire tous les camouflets dont il fut souvent gratifié par l'ex-dictateur, en plein Conseil, en présence même du chef de l'Etat.

Aplati devant son chef à se tordre l'échine, petit, humble, rampant, il lui servit de ministre et de paillasson. Aussi se vengea-t-il cruellement de son obéissance et de sa soumission obligatoires en menant à la baguette tous ceux qui se trouvaient placés sous sa domination.

C'est pourquoi il ne tarda pas d'être généralement détesté à l'hôtel Beauvau et d'y être regardé comme la bête noire du Gouvernement!

Après la chute du Grrrand Ministère, il rentra, tout humilié et tout déconfit, dans son trou de la rue d'Aubigny, en conservant, cependant, cette raideur orgueilleuse et cette outrecuidance prétentieuse qui sont toutefois les moindres défauts de son caractère.

Sa résignation, d'ailleurs, ne fut pas de longue durée et on le vit bientôt, par ordre du maître, s'agiter de nouveau dans les couloirs de la Chambre, et intriguer sans vergogne pour faire restituer à l'ex-dictateur cette haute et tyrannique prépondérance occulte par laquelle il avait si fatalement pesé sur les décisions du Parlement, et qui avait été si nuisible aux véritables intérêts politiques et financiers du pays.

Il faut dire qu'il ne s'employa pas seul à cette difficile besogne et qu'il fut opiniâtrement secondé par quelques vulgaires ambitieux qui avaient foi en son étoile et qui, le sachant au service particulier de Gambetta, s'imaginaient qu'il pourrait leur tenir lieu de marchepied pour escalader, à leur tour, le pouvoir.

C'est alors que, trouvant son orgueilleuse personnalité trop à l'étroit dans son modeste logement de la rue d'Aubigny, il pensa qu'il devait transporter ses pénates dans un appartement plus confortable et qu'il alla s'installer au quatrième étage de la maison n° 4 de la rue de Lille, à la limite de cet aristocratique faubourg St-Germain, qui, sans doute, se serait bien passé de lui donner asile dans sa circonscription.

Là, il s'empressa d'organiser une sorte de cénacle politique auquel furent admis tous les jeunes parlementaires, qui gravitaient alors dans l'orbite opportuniste, en attendant que Gambetta-Soleil, qui ne devait plus pourtant se lever à l'horizon républicain, pût encore faire rayonner sur eux les faveurs du gouvernement.

Parmi ces fidèles, se fit alors remarquer le jeune député D..., qui, n'ayant pas encore eu l'occasion de se produire en endormant la Chambre avec la prose aussi lourde que somnolente de ses rapports, cherchait déjà, par tous les moyens, à se mettre en évidence, à devenir un personnage, et à prendre rang parmi les trois cents ahuris qui ont constitué cette odieuse majorité opportuniste à laquelle la France doit l'expédition de Tunis, celles du Tonkin et de Madagascar, l'énorme déficit du budget, la mort inutile de trente mille Français et la perte irréparable de l'illustre amiral Courbet.

Si ma mémoire est fidèle, le juif millionnaire F. D..., aurait même gracieusement contribué à l'installation de l'ex-mameluck de Gambetta dans son nouveau domicile. En effet, le mobilier venu de la rue d'Aubigny était loin d'être fastueux.

Deux lits de fer, dont un pour un jeune neveu de Bretagne, une table en chêne, quelques chaises cannelées, un semblant de canapé, deux natures mortes, deux croûtes dont j'ai parfaitement gardé le désagréable souvenir, quelques petits objets d'art, *rari nantes*, et la vieille gouvernante, Modeste du nom, une Bretonne boulotte, très gaillarde, dressée, par le fantoche qu'elle servait, à écarter les importuns et peut-être aussi les créanciers : tel était le bagage de cet avorton d'homme d'Etat qui se croyait appelé à faire marcher la France.

Mais une transformation complète ne tarda pas à s'opérer dans l'intérieur du quatrième étage de la maison n° 4 de la rue de Lille ; et l'on y vit apparaître bientôt des meubles de prix, et notamment un grand tableau de maître qu'on affirmait être dû à la gracieuseté du jeune israélite sus-désigné.

Chose inouïe, on y plaça même des tapis, et l'ex-enfant de chœur Waldeck, qui n'avait jamais senti sous ses pieds la moëlleuse laine des carpettes, si ce n'est sur les marches de l'autel où il servait la messe, et dans les salons officiels de l'hôtel Beauvau ce parvenu put promener à son aise son outrecuidance et sa nullité sur des parquets capitonnés que n'avaient jamais connu ses bottes éculées d'antan, et se gaudir des sots qui lui avaient fourni un tel bien-être.

Rousseau fit plus encore ; il forma sa maison, il prit un valet de chambre chargé d'ouvrir la porte aux visiteurs et de pommader ses cheveux, et adjoignit à la grassouillette Modeste un autre domestique, le niais Noël, dont il fit aussi son secrétaire très particulier et dont, plus tard, à la surprise générale, il a fait, pour services *exceptionnels*, un chevalier de la Légion d'honneur !!

C'est à la rue de Lille que cet ignare, qui ne doute de rien, s'imagina qu'il était journaliste et qu'il pourrait, par sa prose inexpérimentée, rallier les débris encore indécis de la fraction opportuniste et hâter la chute du ministère Freycinet, dont il n'avait pas eu la chance de faire partie.

Aussi, grâce au concours de quelques enthousiastes, que je connais parfaitement et que je crois inutile de nommer, s'empressa-t-il d'acheter la *Réforme*, qui était déjà agonisante, et dont il ne devait pas tarder de provoquer la mort.

Personne n'ignore, en effet, le colossal insuccès de cet histrion dans la presse française, et comment il fut obligé de quitter la direction et la rédaction en chef du *malheureux journal* qui avait été livré à son incapacité.

Mais Waldeck, bien entendu, sortit absolument indemne de cet effondrement dû à son inexpérience, et, peu soucieux des embarras dans lesquels il avait placé ses amis qui avaient eu foi en sa *valeur* de publiciste, il revint, le cœur léger, sans regrets et sans remords, aux petites intrigues, aux mesquines conspirations de couloirs, qu'il sait si bien ourdir dans l'ombre et qu'il réussit parfois à faire aboutir, et cela aussi *Jean que devant*, c'est-à-dire aussi pédant, aussi silencieux, aussi compassé et aussi suffisant que jamais.

C'est à cette époque, si mes renseignements sont exacts, qu'il voulut bien quelquefois condescendre envers ses anciens patrons jusqu'à se rendre au Cercle de la place de la République, en compagnie des Buette, des Moussard et des Dietz-Monin, où ces adulateurs, ces simples qui persistaient à avoir foi en son étoile, le comblaient de prévenances, lui donnaient, à table, la place d'honneur, et accueillaient comme paroles d'évangile politique, les boniments que leur débitait sa froide et indigeste éloquence, dont il a si souvent assommé ses collègues du Parlement.

Là aussi, m'a-t-on raconté, il aurait daigné s'asseoir occasionnellement autour de la table de baccara et y perdre, sans émotion apparente, avec une désinvolture affectée, quelques louis officiels, épaves,

sans doute, de la caisse ministérielle qu'il devait avoir soigneuse
ment recueillis au moment de la chute de Gambetta.

Car on joue, dit-on, gros jeu au cercle de la place de la République, et si la Cagnotte pouvait être indiscrète, elle ferait connaître
tous les profits qu'en doit retirer journellement ou, pour mieux dire,
chaque nuitée, le propriétaire-gérant, M. Y...; aussi aurait-on, peut-
être, le droit de se demander comment ce club a pu se soustraire
aux mesures sanitaires de M. Camescasse, si la protection supposable
de son maître, le pommadé Waldeck, n'avait probablement empêché
le préfet de police d'en ordonner aussi la fermeture et la suppression.

Mais je ferme ma parenthèse pour revenir à ma première entrevue avec le fantoche que Gambetta avait bombardé Ministre de
l'Intérieur.)

(A suivre.)

UN INQUALIFIABLE SÉNATEUR

Dans le courant de l'année 1880, un honorable et très riche fabricant des environs de Paris, qui désirait obtenir la croix de la Légion d'honneur, à laquelle pouvaient d'ailleurs lui donner droit de grands services rendus à l'industrie, fut mis en rapport, par un agent d'affaires de la rue St-Honoré, M. P..., avec un général sénateur dont je ne crois pas devoir révéler le nom.

L'agent en question, un véritable tripoteur, avait affirmé au naïf et ambitieux industriel, que le dit général, à qui il avait soumis l'affaire, se trouvait en situation de lui obtenir, dans un délai très court, le ruban rouge qu'il convoitait, et que, moyennant le paiement immédiat d'une somme qui serait débattue, il s'engagerait à faire les démarches nécessaires pour obliger le ministre compétent, qui, avait-il dit, ne pouvait rien lui refuser, à lui décerner cette décoration.

Le trop crédule fabricant que je nommerai tout simplement M. X..., subjugué par cette promesse alléchante, qui s'accordait si bien avec ses désirs les plus ardents, accepta la proposition avec empressement, et ving-quatre heures après il se faisait présenter au général sénateur, qui le recevait dans son propre appartement, situé tout près de la grande avenue des Champs-Élysées.

L'accord fut bientôt fait entre les parties, comme on dit au palais.

Le général, dont la prestance naturelle restée fière et aristocratique, malgré ses compromissions républicaines, peut encore en imposer aux simples et aux crédules, et qui sait captiver aussi ses interlocuteurs par le bon ton qu'il a gardé de sa première éducation et par l'esprit qu'il tient de la nature ; le général, dis-je, n'eut pas beaucoup de peine à convaincre M. X... qu'il était assez puissant, qu'il avait les bras assez longs, pour réclamer, avec succès, en sa faveur, la croix de la Légion d'honneur.

Mais comme, d'après lui, le résultat, grâce à son intervention, ne pouvait être douteux, il ajouta qu'il exigeait qu'il lui fût compté, séance tenante, une somme de *trente mille* francs, en paiement anticipé de ses bons offices.

M. X..., prévenu par l'agent d'affaires P..., s'était muni de trente billets de mille francs ; aussi s'empressa-t-il de vider son portefeuille entre les mains de ce vénal dignitaire, qui lui en accusa réception dans les termes suivants :

"... Reçu de M. X... la somme de trente mille francs pour une affaire déterminée dont je garantis le succès...   Signé, ..."

J'ai eu ce reçu entre les mains et je regrette vivement aujourd'hui de n'en pas avoir fait prendre le fac-simile ou de ne l'avoir pas fait photographier, car le général sénateur est parvenu, au moyen d'un subterfuge aussi adroit que peu louable, que je vais bientôt révéler au lecteur, à rentrer en possession de ce très compromettant manuscrit.

En mettant en poche les opportuns billets de banque, ce sénateur avait pris l'engagement formel de faire décerner, avant trois mois, au trop confiant M. X... le ruban qu'il convoitait si ardemment.

Mais trois mois, six mois même s'écoulèrent sans que le notable fabricant vît rien venir de la grande chancellerie.

Le général ne lui donna même pas signe de vie ; il avait bien autre chose à faire que de s'occuper de ce naïf. Viveur émérite, jouisseur excessif, il avait, sans doute, dissipé, pour la satisfaction de ses appétits, ce qu'il n'avait pas perdu à la table de baccara de son club. Aussi, quand vint le quart d'heure de Rabelais, c'est-à-dire quand M. X..., enfin désillusionné, le somma de lui faire remettre la croix promise ou de lui rendre son argent, il ne put que balbutier, que se retrancher dans un *non possumus* aussi peu fondé qu'inacceptable et demander grâce pour son manque de parole et sa mauvaise foi.

M. X... aurait, peut-être, cédé aux supplications hypocrites de ce gredin en se contentant de l'écraser de son mépris et de lui cracher les qualifications que méritait son odieuse conduite, car il est très riche et, de plus, très bienveillant et très généreux ; mais, malheureusement pour le général, il me connaissait, et il s'empressa de venir me raconter sa déconfiture, qu'il eût certainement évitée s'il m'avait consulté avant de lui remettre son argent.

Je conseillai à M. X... de s'adresser au président du Sénat et au ministre de la Guerre, et, dans le cas où il n'obtiendrait pas la satisfaction à laquelle il avait droit, de porter plainte au procureur de la République, car, pour moi, le général avait agi, en cette circonstance, contrairement aux lois de l'honneur ; mais cet aimable et trop débonnaire industriel, ne voulant point provoquer un scandale dans lequel son nom serait forcément mêlé, se borna à charger une maison de recouvrements des plus honorables, d'intenter un procès civil à ce malheureux pour le contraindre à rembourser la somme qu'il lui avait remise, par anticipation, avec tant de confiance et tant d'abandon.

Menacé du papier timbré par le mandataire de M. X..., et redoutant un esclandre, ce dignitaire peu scrupuleux offrit alors de souscrire six billets de cinq mille francs chaque, en jurant, sur tout ce qu'il avait de plus sacré, qu'il les paierait à leurs échéances successives, et cela à la condition qu'on lui rendrait le fameux reçu dont j'ai plus haut livré les termes compromettants au lecteur, ce que voulut bien accepter le trop confiant industriel.

Le général sénateur, en proposant un tel arrangement, n'avait voulu, cependant, que retirer des mains de M. X... une pièce qui établissait sa vénalité et aurait pu prouver, au besoin, qu'il ne s'était fait délivrer les trente mille francs en question qu'en persuadant l'existence d'un pouvoir qu'il n'avait point, et en faisant naître l'espérance d'un succès chimérique, c'est-à-dire en commettant une véritable escroquerie. Quant à sa dette, qu'il transformait ainsi en une créance ordinaire au profit de M. X..., et à sa signature qu'il avait constamment laissé traîner, pourrir même, dans les cases à protêts de la plupart des huissiers de Paris, il s'en moquait comme d'une guigne, et il s'en battait militairement l'œil, sans vergogne et sans remords.

Aussi se dispensa-t-il de faire honneur à l'échéance du premier billet de cinq mille francs, et cela avec une audacieuse désinvolture qui donnait toute la mesure de son mauvais vouloir.

Mais cette fois, le grand industriel se fâcha tout rouge, et, exaspéré enfin par la conduite inqualifiable de ce général peu recommandable, il donna à son agent l'ordre de le poursuivre, sans trêve ni merci, et d'épuiser contre lui tous les actes coërcitifs de la procédure pour le contraindre au remboursement de l'argent qu'il avait su si bien soustraire à sa bonne foi.

Le papier timbré ne tarda donc pas à pleuvoir, pour la centième fois peut-être, dans la demeure de ce soi-disant dignitaire, qui toutefois ne parut pas s'en émouvoir et n'en continua pas moins à mener joyeuse vie, à souper très confortablement à son cercle, et à perdre même, de temps en temps, quelques louis autour du tapis vert.

Le procès suivit donc son cours ; un jugement par défaut contre cet inqualifiable sénateur fut d'abord obtenu par M. X... ; puis, toutes les voies de droit ayant été épuisées, et le tribunal ayant rendu un jugement définitif, un huissier sans pitié, muni du commandement nécessaire, alla saisir au domicile du débiteur tout le mobilier qui lui restait encore des divers naufrages que lui avaient déjà fait subir les poursuites de ses autres créanciers.

Rien n'échappa à cette exécution judiciaire ; les panoplies, les uniformes, les fourrures de guerre du général ne furent même pas respectées par l'homme de loi ; seuls, le sabre et les épaulettes furent laissés de côté, comme étant l'*instrument* et les insignes obligatoires, nécessaires, du grade que ce malheureux occupait dans l'armée.

Le saisi fut institué, conformément à l'usage, gardien des objets saisis par le mandataire légal de M. X... ; mais, si j'ai été bien informé, il ne se serait pas exactement conformé aux devoirs stricts que lui imposait cette étrange situation.

Toutefois, la veille du jour fixé pour la vente judiciaire, le général reculant devant cette exécution publique, épouvanté des conséquences qu'elle pouvait avoir pour sa haute situation militaire, accourut chez l'agent légal de son créancier et lui remit les cinq mille francs dus ainsi que le montant des frais du procès.

M. X... m'ayant mis au courant de tous ces tristes incidents, je pensai qu'il était utile, pour l'honneur de l'armée, d'en informer M. le général Billot, alors ministre de la guerre. Je me rendis donc à la rue Saint-Dominique pour accomplir ce pénible devoir ; et là, dans le cabinet ministériel, je racontai à l'honorable membre du gouvernement tous les détails de cette malencontreuse affaire.

Le général Billot ne parut nullement surpris de mes confidences, et il voulut bien me déclarer qu'il savait depuis longtemps que le personnage en question était sujet à caution, de nombreuses plaintes lui ayant été adressées de tous côtés sur son étrange façon de comprendre et de remplir les devoirs de sa haute situation.

Toutefois, le Ministre daigna me promettre de lui adresser une sévère réprimande, et j'ai su, plus tard, que non seulement il l'avait fait, mais encore qu'il lui aurait interdit pendant un certain temps le séjour de Paris.

Or, je me vois obligé de déclarer que ce général sénateur, qui ne paie point régulièrement ses dettes, qui se joue effrontément de sa parole et de ses engagements, qui laisse protester sa signature, qui abuse de sa situation militaire, politique et parlementaire, pour promettre et faire payer par anticipation des faveurs gouvernementales qu'il n'a pas le pouvoir de faire accorder, est un général républicain.

Heureusement pour l'armée, qui ne saurait être tenue responsable de sa conduite, ce chef peu recommandable a été, je crois, éliminé récemment des cadres actifs par sa mise à la retraite : aussi est-il à espérer que, profitant des loisirs que lui a faits cette mesure réglementaire, il méditera sérieusement sur les funestes conséquences que pourrait avoir pour son repos un procès public, et qu'il s'empressera d'éteindre les créances de M. X..., en retirant des mains de son mandataire tous les billets par lui souscrits.

Je sais, en effet, que cet agent d'affaires est tout prêt à lui intenter de nouvelles, voire de plus graves poursuites, pour le contraindre à s'exécuter dans le plus bref délai, c'est-à-dire à se libérer entièrement envers son client, qui ne reçoit actuellement que les maigres acomptes provenant des oppositions qu'il a fait former sur ses appointements de général, et sur l'indemnité qu'il touche comme sénateur.

Telle est l'épée de Damoclès suspendue sur la situation militaire, parlementaire et morale de cet homme que les hasards de la politique, aussi bien que son audace et son ambition, ont fait arriver aux plus hautes dignités et converti à la République.

Il appartient à ce dignitaire d'éviter un dernier naufrage dans lequel sombrerait nécessairement tout ce qui peut lui rester de fortune, de considération et d'honneur aux yeux de ses compagnons d'armes et de ses collègues du Sénat.

Ainsi soit-il !

MADAME V.

L'ESPIONNAGE OFFICIEL A L'ÉLYSÉE ET DANS LE MONDE PARLEMENTAIRE

Le 25 février 1881, après m'avoir, comme à l'ordinaire, questionné sur la situation politique et parlementaire, M. Constans me demanda, à brûle-pourpoint, si je pourrais lui *procurer* (*sic*) une dame d'une quarantaine d'années, bien élevée mais ayant besoin de gagner facilement de l'argent, et assez habile pour tenir un salon politique et pour faire la conquête de certains députés qui lui seraient désignés, aussi bien dans le parti royaliste que dans le clan bonapartiste.

Le ministre ajouta que des conversions, comme celle de Dugué de la Fauconnerie, qui venait, disait-il, de faire adhésion à la République, quoique n'apportant aucun appoint sérieux au gouvernement, ne pouvaient, cependant, que mutiler et surtout déshonorer les partis réactionnaires, et que, pour obtenir de nouvelles défections dans leurs rangs, il comptait beaucoup sur le concours des femmes et sur leur gracieuse intervention.

Je lui promis de faire mon possible pour découvrir l'oiseau bleu dont il avait besoin.

J'avais connu, dans un des passages les plus fréquentés de Paris, une dame tenant, avec ses deux charmantes filles, un cabinet de lecture très fréquenté par des journalistes français et étrangers, chez laquelle j'avais cru deviner les qualités nécessaires pour remplir le rôle que voulait lui confier M. Constans. C'était par son entremise que j'avais pu me procurer certaines lettres écrites autrefois par M. Hébrard, du *Temps*, au fameux Beckmann, alors son ami intime, qu'on a accusé tout récemment, dans les journaux radicaux, d'être un agent secret de l'ambassade d'Allemagne, lettres assez étranges, presque compromettantes, qui furent communiquées au ministre, et dont je parlerai peut-être dans un chapitre spécial.

C'était aussi par elle que j'avais obtenu des renseignements très précieux sur les agissements d'un groupe de Prussiens opérant à Paris pour le compte de M. de Bismarck.

Toutefois, comme je n'avais eu avec cette honorable veuve que des rapports très discrets, j'hésitai quelque temps avant de me décider à lui transmettre la proposition dont j'avais été chargé.

Mais une circonstance favorable s'étant présentée, et ayant pris mon courage à deux mains, je me hasardai à lui exposer le but de ma mission, et cela avec le moins de crudité possible et dans des termes assez réservés pour obtenir sinon son acceptation, du moins son indulgence.

Or, contrairement à mes prévisions, Mme V..., ne s'offusqua point de mes ouvertures, et, après avoir reçu mes explications, elle me déclara qu'elle était toute disposée à devenir un agent secret du gouvernement, et qu'elle se sentait capable de rendre les services qu'on attendait d'elle.

Ceci se passait le 28 février 1881, dans la matinée. Le soir même, vers six heures, j'annonçai la bonne nouvelle au ministre, qui me pria de lui présenter Mme V... le lendemain.

Donc, le 1er mars, à sept heures du soir, j'entrai très discrètement dans le cabinet de M. Constans, avec cette future fonctionnaire que je m'étais bien gardé de faire annoncer par l'huissier de service.

Le ministre, après les compliments d'usage, s'empressa de lui indiquer le rôle difficile qu'il avait l'intention de confier à son habileté.

Ce qu'il voulait, lui dit-il, c'était qu'elle pût attirer chez elle quelques jeunes députés loquaces, qui lui seraient désignés, afin de surprendre leurs projets et leur secrets politiques.

Mme V... promit de tout faire pour se conformer aux désirs ministériels, en ajoutant qu'elle pensait réussir, grâce au concours de ses deux filles, aussi remarquables par leur beauté que distinguées par leur éducation.

Mme V... ayant dit, au moment où elle allait se retirer, qu'étant née à Dôle, elle avait eu l'occasion de connaître assez particulièrement la famille Grévy, et qu'elle était restée en rapports suivis avec M. F..., neveu du Président de la République;

— "Oh! alors, s'écria joyeusement M. Constans, vous êtes bien la femme qu'il me faut, et si vous voyez réellement M. F..., si vous pouvez tirer de ce niais quelques révélations sur ce qui se passe à l'Elysée, et surtout sur les agissements de M. Wilson, je vous donnerai deux mille francs par mois, sans compter d'autres faveurs dont je pourrai encore vous gratifier.

— Soit, répondit Mme V..., j'accepte, et dès demain je me mettrai à l'œuvre.

En la congédiant, le ministre la pria de revenir dans la huitaine pour recevoir la liste des députés à l'égard desquels elle devait *opérer*.

Le 7 mars, Mme V... revint au Ministère. Comme la première fois, je l'accompagnais. Nous trouvâmes le ministre tout grippé et de très mauvaise humeur. Il dit à Mme V... qu'il n'avait pas encore pu voir librement Gambetta, qui devait lui signaler les membres du Parlement avec lesquels elle devait se mettre en rapport, que, d'ailleurs, *la foire n'était pas sur le pont* (sic) et qu'elle n'avait pas besoin d'être impatiente, ses appointements ayant leur cours depuis la première entrevue. Il lui recommanda ensuite de ne plus venir à l'hôtel Beauvau, où les députés et les sénateurs en cause pourraient l'apercevoir, en ajoutant que je serais chargé, à l'avenir, de traiter directement avec elle, de lui remettre l'argent nécessaire, de lui transmettre les instructions à suivre et de recevoir ses communications.

Or, en parlant ainsi, M. Constans *opportunisait* effrontément après s'être préparé à jouer une bien étrange comédie.

En effet, quelques jours après cette seconde audience du ministre, je me rendis chez Mme V... pour m'enquérir du résultat de ses premiers efforts, et pour lui demander si elle avait préparé et mis en état son *salon politique*.

Mais, à ma très grande surprise, ma protégée me reçut assez froidement, se montra peu satisfaite de ses premières tentatives, et me déclara qu'elle ne se trouvait pas encore en mesure de bien remplir la mission qui lui avait été confiée, que d'ailleurs elle s'occupait du prochain mariage d'une de ses filles, et qu'elle avait encore besoin d'un mois de réflexion avant de s'arrêter à une résolution définitive.

Je ne me laissai pas prendre à ces excuses inattendues qui dissimulaient clairement un parti pris, *par ordre*; toutefois, voulant en avoir le cœur net, le soir même, 26 mars, je fis part à M. Constans des déclarations que venait de me faire Mme V...

Le ministre me répondit hypocritement que cette indécision de sa nouvelle fonctionnaire l'ennuyait beaucoup, et qu'il la regrettait d'autant plus que Mme V..., ayant ses entrées à l'Elysée, son abstention momentanée l'empêchait d'avoir des renseignements sur ce qui pouvait se passer au palais de la présidence.

Je ne fus pas plus dupe des inquiétudes et des regrets exprimés par le ministre que je ne l'avais été des hésitations manifestées par Mme V...Aussi, dès le lendemain, je me rendais de nouveau à la rue de Calais, chez la charmante veuve, et après l'avoir bien pressée et être même allé jusqu'à la menacer de lui retirer ma protection et mon concours, elle me faisait les confidences suivantes:

Le 16 mars, à neuf heures du soir, M. Constans, venu en fiacre, avait inopinément frappé à sa porte, et avait pénétré dans son appartement presque en maître, sous le prétexte de venir lui faire d'importantes recommandations, et surtout, avait-il dit, pour être présenté à ses deux filles, qu'il avait besoin de connaître puisqu'elles voulaient bien collaborer à l'œuvre entreprise par leur mère.

Le ministre avait beaucoup causé avec ces deux aimables demoiselles, à qui il avait adressé les plus chaleureux compliments, avait même daigné accepter une tasse de thé et avait, de plus, deux heures durant, débité, avec sa verve méridionale, toutes les gracieusetés que pouvait lui permettre son éducation.

Avant de sortir du salon, M. Constans avait bien recommandé à Mme V...de voir M. F..., de l'attirer chez elle le plus souvent possible et de savoir par lui tout ce qui pourrait être tramé au palais présidentiel contre le Cabinet, qui n'avait pas les préférences de M. Grévy et encore moins celles de M. Wilsson.

Le ministre avait ajouté: "Surtout ne dites rien à M. d'A..., laissez-lui croire que vous avez reculé devant la tâche que vous aviez d'abord acceptée, et que vous renoncez à servir d'agent secret au Gouvernement. Quand vous aurez des communications à me faire, vous pourrez me les transmettre par écrit, ou venir me voir, vous-même, à l'hôtel Beauvau, le soir, après neuf heures. Et c'est pourquoi Mme V... m'avait exprimé, avec les hésitations dont j'ai parlé plus haut, la décision qu'elle prétendait avoir prise de refuser les offres que je lui avais faites au nom de M. Constans.

Or, après ces nouvelles confidences, je convins avec elle qu'à l'avenir elle me transmettrait le duplicata de toutes les communications qu'elle adresserait au ministre, et qu'elle me ferait connaître fidèlement les instructions qu'elle en recevrait, en me tenant aussi au courant des visites que pourrait encore lui faire le perfide Toulousain.

Bien entendu, celui-ci devait toujours ignorer ce pacte par lequel nos intérêts réciproques pouvaient se sauvegarder.

C'est par suite de cet entendement avec Mme V... que je puis initier le lecteur aux faits suivants :

Mme V... vit souvent M. F..., le reçut même quelquefois à déjeuner, et sut par lui, entre la poire et le fromage, que M. Grévy ne se gênait guère pour déclarer qu'il détestait Ferry, Constans et toute leur bande, et surtout qu'il haïssait profondément Gambetta.

Le neveu du président de la République aurait dit qu'au moment le plus aigu d'une récente crise ministérielle, Mlle Alice Grévy, se trouvant dans le jardin de l'Elysée avec son père, et faisant allusion aux intrigues du chef de l'opportunisme, se serait écriée : "*Mais on ne peut donc pas se débarrasser de ce sphynx politique.*" A quoi le président aurait répondu : "*Thiers était plus fort que moi, et il a été obligé non seulement de le tolérer mais encore de lui céder.*"

Certainement tous ces propos n'ont pas une grande importance au point de vue gouvernemental ; mais je crois devoir les mentionner, non seulement pour démontrer qu'à l'Elysée l'aversion qu'on ressentait pour Gambetta était une véritable haine de famille, mais encore pour signaler jusqu'à quel point auraient pu aller, d'après Mme V..., les indiscrétions du sieur F... si M. Grévy avait été assez imprudent pour lui confier toute sa pensée à l'égard des hommes qui détenaient alors le pouvoir, contre son gré.

Mme V..., qui avait pris son rôle au sérieux, continua à voir cet incapable à qui le chef de l'Etat, par esprit de népotisme, a confié les fonctions importantes de secrétaire particulier de la présidence, et connut par lui toutes les petites intrigues, tous les petits complots parlementaires qui s'ourdissaient autour de M. Grévy sous l'inspiration de M. Wilson, dont l'influence commençait à devenir très grande, et causait déjà certaines anxiétés au président du Conseil.

C'est par lui qu'elle sut, à peu près avant tout le monde, les projets de mariage entre le frère de Mme Pelouse et Mlle Alice Grévy, dont personne ne parlait encore, et qu'elle put en informer M. Constans, qui s'en montra très affecté. C'est aussi par lui que, pendant les luttes parlementaires soulevées à la Chambre et au Sénat sur la question du scrutin de liste, dont je parlerai dans un chapitre particulier, elle aurait été tenue au courant de toutes les sourdes menées de M. Wilson et de ses agissements souterrains, ainsi que de l'intervention aussi persistante que peu constitutionnelle du président de la République.

Aussi le ministre de l'Intérieur, qui n'avait qu'à se féliciter du concours de cette agente aussi utile qu'aimable, la comblait-il de faveurs et de gracieusetés.

Bien entendu, il n'avait pas manqué de retourner à la rue de Calais pour se faire *représenter* aux charmantes filles de Mme V... et pour déguster de nouveau la tasse de thé préparée par leurs petites mains aussi blanches que fines et délicates.

De plus, comme il trouvait que l'appartement occupé par cette agente ne répondait pas suffisamment aux exigences de la mission qu'elle remplissait, il lui suggéra de changer de domicile en offrant, je crois, de supporter les frais de déménagement et de nouvelle installation.

Mme V... quitta donc la rue de Calais pour établir ses pénates au n° 10 de la rue Cl... au haut du faubourg Montmartre, non loin des boulevards extérieurs.

Là, elle avait trouvé un appartement qui semblait avoir été disposé expressément pour les convenances du rôle politique et policier qui lui avait été confié par M. Constans.

Situation exceptionelle et presque isolée dans une grande cour avec petit jardin; rez-de-chaussée ayant deux entrées particulières, deux salons séparés par une salle d'attente assez sombre pour ne pas laisser trop distinguer les visiteurs, assez sourde pour ne pas permettre aux oreilles même les plus exercées de surprendre les conversations tenues dans les pièces voisines, et, sur la rue, de grandes fenêtres abritées par des jalousies vénitiennes, sous lesquelles, sans être vu du dehors, Mme V... apercevait les indiscrets qui rôdaient autour de sa demeure, et assez basses pour que les personnages intéressés à ne pas se montrer, pussent au besoin les franchir d'une enjambée.

Comme on le voit, tout y était; tout dans cet appartement se prêtait aux communications confidentielles, aux révélations mystérieuses, aux entretiens secrets.

Aussi la nouvelle locataire ne tarda-t-elle pas d'y attirer, par les séductions qu'elle pouvait mettre en œuvre, des membres du Parlement et des hommes politiques de tous les partis qui, ayant leurs heures et leurs jours particuliers, ne se rencontraient jamais, et lui faisaient, sans défiance, des communications importantes qui étaient immédiatement transmises au ministre de l'Intérieur et dont j'avais toujours connaissance.

C'est surtout dans le monde royaliste et aristocratique que Mme V... avait su se ménager des intelligences et acquérir les meilleures relations. Elle avait pu, par l'entremise d'un personnage que je ne veux pas nommer, se faire présenter à Mme la comtesse de Beau... comme dame de charité toute disposée à l'aider dans l'exercice de ses bonnes œuvres, et c'est dans le salon hospitalier de cette grande dame qu'elle avait rencontré des légitimistes de haut rang, tels que MM. les comtes de V..., de St-V..., le marquis de C..., etc., qui étaient regardés alors, à juste raison, comme les confidents de M. le comte de Chambord.

Mme V... n'avait pas tardé de gagner non seulement la confiance, mais encore l'amitié de la comtesse de B..., laquelle avait pris surtout en affection ses deux adorables filles ; aussi vit-on bientôt celles-ci assister avec elle aux fêtes de bienfaisance et aux concerts organisés par le faubourg St-Germain, et, dans plusieurs circonstances, à l'hôtel Continental, où elles furent très remarquées, tenir, à l'occasion de ventes de charité, des comptoirs où se pressait à l'envi toute la jeunesse royaliste.

Comme on doit le penser, Mme V..., dont l'habileté était très grande, put aisément s'initier chez Mme la comtesse de B... à certains secrets du parti monarchique, dont sut profiter M. Constans, et dont j'aurais pu, moi-même, me faire un piédestal auprès du gouvernement, si déjà, à ce moment, en présence de certaines vilenies commises par divers membres du personnel gouvernemental, je n'avais commencé à me dégoûter de la République, que ma situation m'obligeait cependant encore à servir. Naturellement, le rusé Toulousain ne manqua pas de faire opérer Mme V... dans toutes les circonstances importantes où il avait besoin de connaître la pensée et les projets des partisans de la Royauté ; aussi puis-je affirmer qu'elle lui rendit de réels et très précieux services.

Le ministre fit participer, à ses frais, Mme V... à diverses loteries de bienfaisance tolérées par le gouvernement ; il la fit entrer, je crois, comme actionnaire, dans la constitution de la fameuse caisse noire, et se servit d'elle pour prendre 150 billets d'admission aux divers banquets de la Saint-Henri, auxquels il put faire ainsi assister les agents secrets de la préfecture de police.

Entre-temps, Mme V... se rendait encore à l'Elysée, auprès de M. F...., qui continuait, disait-elle, à lui faire les confidences nécessaires sur les agissements anti-ministériels de M. Wilson, et même sur les intrigues de M. Grévy avec ses principaux amis du Parlement, tels que MM. de Marcère, de Freycinet, Gailly, Calmon, et tous les adversaires du chef reconnu et alors tout-puissant de l'opportunisme.

Mais le zèle si dévoué de Mme V... ne devait pas lui conserver les bonnes grâces du ministre, qui, ayant appris par elle tout ce qu'il désirait savoir, et prévoyant sa chute prochaine, cherchait, dès le mois de juin 1881, à lui faire comprendre, par certaines grossièretés, que son concours lui était devenu inutile.

Le 4 juillet, en effet, je rencontrai Mme V... dans l'antichambre de l'hôtel Beauvau. Je la trouvai triste et toute désolée, parce que le ministre avait, pour la seconde fois, refusé de la recevoir. Elle me confia même que depuis deux mois M. Constans ne lui aurait pas payé régulièrement ses appointements, et qu'elle ne comprenait rien à une telle conduite, qu'elle regardait comme indigne d'un homme d'Etat.

Je la consolai de mon mieux en lui promettant d'intervenir auprès du ministre à la première occasion.

En effet, malgré la réserve qui m'était imposée par l'ignorance obligatoire où j'avais laissé M. Constans de mes rapports avec Mme V..., je lui fis part, dès le lendemain, des doléances de cette excellente dame, en attribuant au hasard ma rencontre avec elle, et les confidences que, dans un moment de dépit et de découragement, elle m'avait faites, *à ma grande surprise*, sur sa situation d'agente politique du ministère de l'Intérieur.

Mais ma démarche n'eut qu'un demi succès ; car M. Constans me déclara qu'il était décidé à se priver bientôt du concours de Mme V..., tout en consentant, en raison de mon intervention, m'assura-t-il, à lui conserver provisoirement ses fonctions.

Aussi la maintint-elle auprès de lui dans les mêmes conditions ; mais il ne la reçut plus qu'à de rares intervalles, et, si je dois m'en rapporter à ce qu'elle voulut bien me dire à diverses reprises, il négligea souvent de lui faire remettre ses appointements mensuels, à tel point que, lorsqu'il quitta le ministère, il aurait été son débiteur d'une somme assez importante.

J'ai su, toutefois, qu'après la chute du Cabinet dont il faisait partie, il avait revu plusieurs fois Mme V... et qu'il s'était complètement libéré envers elle.

Que s'était-il passé? Lui seul pourrait le dire, car la pauvre femme est morte, il y a deux ans ; mais il ne le dira pas.

Voici, comme épisode, la copie d'une lettre que m'a écrite, le 10 juillet 1884, la fille aînée de Mme V..., à qui j'avais pris la respectueuse liberté de demander des renseignements à ce sujet :

"Monsieur,

"Nous étions bien persuadées que vous seriez venu nous voir si vous aviez connu plus tôt la mort de notre mère.

"Nous nous demandions ce que vous faisiez, et si vous étiez toujours à Paris.

"Nous avons perdu notre pauvre maman après une année d'horribles souffrances. Jusqu'au dernier moment, elle a conservé toute son intelligence et sa gaieté. Elle désirait, disait-elle, beaucoup vous parler.

"Nous demeurons depuis six mois avec Mme la baronne de N..., qui va nous quitter, car je me marie le mois prochain.

"Quant vous serez de retour, nous parlerons de tout ce qui *vous intéresse*, car par lettre il n'est pas aisé de dire *tant de choses*, surtout quand on ne s'est pas vu depuis longtemps.

"Je crois que maman a vu beaucoup M. C... avant sa maladie, et il a dû *certainement lui donner ce qu'il lui devait* ; car elle ne nous en a plus reparlé, ce qu'elle n'aurait pas manqué de faire.

"Venez donc nous voir aussitôt votre retour...nous aurons beaucoup de plaisir à vous revoir......

"Veuillez, monsieur, recevoir l'expression de nos meilleurs souvenirs.
                                                            "V. V."

NOTA

M. de Freycinet vient de bombarder Maurice Rouvier ministre plénipotentiaire à Rome.

J'en suis d'autant plus abasourdi que, si mes renseignements sont exacts, l'honorable président du Conseil n'ignorerait pas que je vais bientôt publier quelques pages peu édifiantes sur certains événements qui ont marqué dans la vie politique, parlementaire et gouvernementale de cet ancien ministre de Gambetta et de Jules Ferry.

Peut-être, M. de Freycinet a-t-il voulu éloigner Rouvier afin que sa pudeur et sa modestie ne fussent pas effarouchées par mes révélations.

Mais ce sera peine perdue, car mes mémoires rejoindront dans la ville éternelle cet étrange ambassadeur ! !